Cómo lidiar con la preocupación y la ansiedad:

técnicas simples de mindfulness (atención plena) para aliviar el estrés y el miedo,y vivir una vida sin depresión

Por Raymond McGee

I0427136

Tabla de contenidos

Introducción

¡Ansiedad!

¡Depresión!

¡Preocupación!

¡Miedo!

Estas palabras representan algunas de nuestras peores preocupaciones en la vida, y vivir en un mundo de incertidumbre no ayuda. Es por eso que se ha instalado una discusión cada vez mayor sobre la salud mental y cómo ayudar a las personas a combatir el impacto del miedo. Este libro es oportuno porque contribuye a la conversación sobre cómo lidiar con la preocupación y la ansiedad a través de técnicas prácticas y probadas de mindfulness (atención o consciencia plena).

¡Sí! Puedes combatir el miedo con métodos sencillos de mindfulness. De todos modos, necesitas saber *cómo* lograrlo. En este libro, desentrañamos ideas probadas y comprobadas que te llevan de un estado mental negativo a uno de poder.

¿Cuáles son tus mayores miedos? ¿Por qué te quedas despierto por la noche preocupándote por el futuro? ¿Tus preocupaciones se han apoderado de tu pensamiento? ¿Te cuesta ver el lado positivo de las cosas? Estas preguntas representan el problema que todos enfrentamos (sí "nosotros", porque no estás solo).

Necesitamos respuestas y soluciones a nuestro problema común, y las desenterraremos en los capítulos y secciones que siguen. Aprenderás el significado, los factores de riesgo y los síntomas de la ansiedad. Prepárate para descubrir formas prácticas de combatir el miedo a través del mindfulness. Esto garantiza resultados sostenibles a largo plazo. Aprenderemos los beneficios de la atención plena y cómo se relaciona con la ansiedad. Para combatir el miedo, debemos maximizar el uso de técnicas de mindfulness, como ejercicios de respiración, meditación y otras estrategias. En este libro, las ideas y conceptos que aprenderás te ayudarán a salir de la esclavitud mental que habilita el miedo, ayudándote así a vivir una vida más pacífica.

Por desgracia, algunas personas se rinden rápido ante el desafío de superar el miedo y la ansiedad. Ellos se han convertido en el patrón de nuestros sueños y experiencias. Nos sentimos cómodos preocupándonos, y es fácil hacerlo. Algunas personas incluso comienzan a preocuparse cuando no tienen de qué preocuparse. Es un proceso especialmente negativo y agotador.

Te garantizo que este libro te dará acceso a técnicas probadas que te brindarán habilidades mentales para diferenciarte de los millones de personas que enfrentan la ansiedad a diario. Toda tu trayectoria y potencial en la vida se ven afectados por el impacto de la ansiedad. Ella afecta tu forma de pensar y lo que haces. Debido al impacto tremendamente negativo de la ansiedad y el miedo en tu salud mental, debes comenzar a trabajar de inmediato para superarlo.

Cuanto antes empieces a maximizar el valor de este libro, más rápido aprenderás a combatir el miedo y la ansiedad. ¿Estás listo para que tu salud mental experimente un cambio en verdad transformador? ¡Empecemos!

Capítulo uno: ¿Qué es la ansiedad?

Cada vez que los humanos nos enfrentamos a una situación estresante, nuestro cuerpo y nuestra mente están programados para reaccionar de una manera específica. Una de esas reacciones es la ansiedad.

Por lo general, sentir ansiedad es desagradable. Para un individuo, es difícil individuo sentirse tranquilo o a gusto cuando está ansioso. Esto se debe a que la ansiedad afecta a todo el cuerpo y reacciona con síntomas tanto físicos como mentales que le impiden relajarse. Técnicamente, el estrés es diferente de la ansiedad, pero ambos están estrechamente relacionado. Al estrés lo causan las demandas de un evento o escenario que se plantan en el cerebro o el cuerpo de un individuo. La ansiedad es la reacción del cuerpo al estrés y su intento por hacer frente a las demandas estresantes que se le presentan. Ni la ansiedad ni el estrés son emociones del todo negativas. A pesar de su naturaleza incómoda, son herramientas que obligan a un individuo a actuar con un impulso de motivación o un incentivo para cumplir una tarea o salir de una situación.

Dado que todo el mundo ha experimentado situaciones estresantes, se puede decir que todas las personas han experimentado ansiedad en algún momento de sus vidas. La sensación de ansiedad surge cuando un individuo se ve presionado por una situación. Puede tratarse de una situación ligeramente estresante, como una entrevista de trabajo o un examen, o puede ser una situación muy estresante, como acumular muchas deudas o no poder pagar el alquiler. La ansiedad que se siente suele ser proporcional al impacto potencial del factor estresante y, para la mayoría de las personas, la ansiedad se disipa una vez que la situación estresante pasó.

Para la mayoría de las personas, los sentimientos de ansiedad aparecen en respuesta a una situación estresante, y luego desaparecen. Estos sentimientos no duran más de lo que se supone deben durar y no interfieren con la vida normal de las personas. Sin embargo, a algunas personas les resulta mucho más difícil controlar esos sentimientos de ansiedad. La sensación de estrés y preocupación persiste mucho tiempo después de que el factor estresante desaparece. Incluso puede aparecer sin razón cuando no hay ninguna indicación de ningún factor estresante. Los sentimientos de ansiedad frecuentes, persistentes o extremos, pueden interferir en la calidad de la vida diaria de un individuo. La preocupación puede comenzar a afectar las relaciones, el trabajo, la escuela y otras áreas de la vida. Esta etapa de sentimientos intensos y frecuentes de ansiedad puede ser indicativa de un trastorno de ansiedad, y es apropiado que los individuos que sufren por ella busquen ayuda. Si no la tratan o ignoran, las víctimas de la ansiedad extrema pueden correr el riesgo de desarrollar depresión, pensamientos suicidas, conductas de abuso de sustancias y otros problemas de salud mental.

Los trastornos de ansiedad son el tipo de enfermedad mental más común en Estados Unidos. Cerca del 18% de la población recibe tratamiento cada año, y hasta el 30% de la población experimentará una forma de trastorno de ansiedad a lo largo de su vida. Los niños también pueden sufrir trastornos de ansiedad. Alrededor del 25% de los niños entre 13 y 18 años se ven afectados de manera negativa por la ansiedad. Si la ansiedad en los niños no es tratada de forma apropiada, puede conducir a problemas más serios más adelante en la vida, como depresión, abuso de drogas y alcohol y diversas neurosis. Una de las razones relacionada con la frecuencia de los trastornos de ansiedad es que la ansiedad tiene altos niveles de comorbilidad. Los trastornos de ansiedad suelen diagnosticarse junto con enfermedades mentales como la depresión, el trastorno por déficit de atención e hiperactividad (TDAH) y los trastornos alimentarios como la anorexia y la bulimia.

El Manual Diagnóstico y Estadístico de los Trastornos Mentales más reciente, el DSM-5, es la autoridad mundial sobre cómo se caracterizan de manera oficial los trastornos de ansiedad. En él se considera que la principal característica de los trastornos de ansiedad es el miedo excesivo, que provoca una alteración del comportamiento. Además, separa los trastornos de ansiedad en siete tipos diferentes.

Trastorno de ansiedad generalizada (TAG)

El trastorno de ansiedad generalizada es un trastorno crónico común. Es una afección de largo plazo con síntomas excesivos y continuos de ansiedad que rara vez disminuyen. Para las personas que padecen este trastorno, casi todos los días pueden estar plagados de una preocupación incesante y una incapacidad frustrante para controlar las emociones. El trastorno de ansiedad generalizada evoca sentimientos de ansiedad por muchas actividades, eventos y situaciones diarias, y no se limita a una sola situación o evento. Las situaciones que provocan ansiedad van desde los temores sobre el futuro hasta las actividades cotidianas. El nivel de ansiedad que siente el individuo suele ser muy desproporcionado en relación con la circunstancia. Puede deberse a que las personas no son capaces de identificar la fuente real de su ansiedad. El trastorno de ansiedad generalizada tiende a ser hasta dos veces más frecuente en mujeres que en hombres. También es más común en personas de entre 35 y 39 años. El trastorno puede tener efectos perjudiciales tanto en el estado mental como en el físico de un individuo. Muy a menudo se produce junto con otros trastornos de ansiedad o mentales.

Trastorno de pánico

El trastorno de pánico se expresa mediante sentimientos generales de ansiedad, con episodios de ansiedad y terror increíblemente intensos. Estos episodios son ampliamente conocidos como ataques de pánico. Son repentinos y se intensifican muy rápido. Las víctimas a menudo alcanzan el pico del ataque en diez minutos. La tasa de desescalada varía según el individuo y las diferentes situaciones. La víctima de un ataque de pánico puede tardar minutos u horas en recuperar el control y sentirse normal. El ataque de pánico suele ser inesperado y la mayoría responde a un factor desencadenante. Los trastornos de pánico pueden comenzar a desarrollarse después de un evento traumático o aterrador en la vida, o después de un período de estrés prolongado. A medida que un ataque de pánico se produce y se intensifica, los afectados pueden sentir dolor en el pecho, palpitaciones, náuseas, temblores y dificultad para respirar. Un ataque de pánico puede ser una experiencia aterradora y traumática para un individuo, lo que puede generar una mayor preocupación y ansiedad a tener otro ataque de pánico. En la actualidad, los trastornos de pánico afectan al 2,7% de la población estadounidense, y las mujeres tienen el doble de probabilidades de verse afectadas que los hombres.

Fobias específicas

Las fobias pueden ser una fuente intensa y cambiante de ansiedad. Los trastornos de ansiedad por fobias específicas se deben al temor irracional a un objeto o situación particular que otros considerarían nada aterrador o incluso seguro. Algunos ejemplos de fobias específicas incluyen el miedo a las alturas, a los perros, a la sangre, a los lugares cerrados y a la escuela, entre muchos otros. La causa directa no se conoce con exactitud, pero se sospecha que se deben a un evento traumático en las primeras etapas de la vida. Incluso cuando los individuos afectados por una fobia específica son capaces de reconocer la naturaleza irracional de su fobia, son incapaces de controlar los sentimientos de miedo y ansiedad al enfrentarse al objeto de su fobia. Cuando un individuo se expone a su fobia, es probable que muestre signos de miedo e intente escapar. En casos extremos, las personas que la padecen pueden incluso tener un ataque de pánico en el momento en que su fobia específica se hace presente. Aun cuando la fobia no está presente, los individuos siguen teniendo ansiedad en torno a su fobia. Harán todo lo posible por evitar el contacto con su fobia, incluso cuando sea perjudicial para el desarrollo de su vida cotidiana. Las fobias específicas, en diversos grados de intensidad, afectan al 8,7% de la población estadounidense.

Agorafobia

Las personas que padecen agorafobia tienen sentimientos excesivos de ansiedad sobre lugares, eventos o situaciones particulares. Por lo general, la agorafobia puede presentarse como temor a grandes espacios abiertos o miedo a los espacios cerrados. Este temor es impulsado por la creencia de que, de ser necesario, sería difícil escapar de esos lugares o, por el contrario, que la persona solo está segura en su hogar. Una persona con agorafobia puede tener miedo a los ascensores, autobuses, aviones, grandes multitudes y cines. Esto se debe a que son espacios cerrados o llenos de personas en los que le preocuparía quedar atrapada. Alternativamente, pueden tener miedo a grandes espacios abiertos o a estar fuera de su hogar. Cuando los individuos con agorafobia se encuentran en una situación y un lugar incómodos, comienzan a experimentar síntomas de ansiedad intensa y pueden sentir pánico. Para evitar que se produzcan estos sentimientos aterradores, las personas que sufren agorafobia suelen hacer cambios extremos en su estilo de vida y así evitar situaciones desencadenantes. Es posible que se nieguen a ir a ciertos lugares o, a veces, a salir de su casa durante semanas. Menos del 1% de la población de Estados Unidos sufre de agorafobia, pero las mujeres son más propensas a experimentarla que los hombres.

Mutismo selectivo

El mutismo selectivo es más común en los niños, sin embargo, si no se trata puede persistir hasta la adolescencia e incluso la edad adulta. Es una forma de ansiedad por la que los niños son incapaces de hablar en determinadas situaciones, incluso cuando pueden comunicarse de manera eficaz en otras situaciones. Una situación común en la que surge el mutismo selectivo es cuando los niños comienzan a ir a la escuela. Aunque son capaces de hablar en la comodidad de su hogar, no logran comunicarse de forma verbal en la escuela. Se sospecha que el mutismo selectivo es una forma extrema de fobia social y puede tener un impacto negativo en el desarrollo social y el funcionamiento de los niños o adultos que lo padecen.

Trastorno de ansiedad social (fobia social)

El trastorno de ansiedad social se caracteriza por altos niveles de ansiedad y temor ante la perspectiva de situaciones sociales. Estos sentimientos se basan en la vergüenza o timidez y el miedo a ser juzgado por los demás. Las personas con ansiedad social no podrán disfrutar de situaciones sociales, dado que experimentarán síntomas de ansiedad como mareos, náuseas y taquicardia. Estas personas se preocuparán por qué decir, cómo actuar y cómo serán percibidos. Como resultado de estos temores, las personas con ansiedad social dirán y harán lo mínimo en situaciones sociales y, por lo tanto, a menudo se las percibe como tímidas y calladas. El trastorno de ansiedad social también puede presentarse como un temor a la intimidad, ya que la persona trata de evitar situaciones vulnerables en las que el resultado pueden ser la humillación o el rechazo. En casos extremos, las personas con ansiedad social tratarán de evitar la interacción humana por completo, en la medida en que esta afecte su rutina diaria, el trabajo, la escuela y las relaciones.

Trastorno de ansiedad por separación

Personas de cualquier edad pueden sufrir trastorno de ansiedad por separación, aunque es más común en los niños. Las personas con trastorno de ansiedad por separación experimentan una ansiedad excesiva cuando se separan de las personas o de un lugar que es importante para ellas y con el que tienen un fuerte apego emocional. En el caso de los niños, suele tratarse del entorno del hogar, los adultos, los hermanos u otra figura de atención primaria. En los adultos, los sentimientos de ansiedad pueden producirse cuando se separan del entorno familiar, un ser querido o una pareja. Se cree que el trastorno de ansiedad por separación es causado por la pérdida de una fuente de seguridad y protección. El acto de separación puede desencadenar sentimientos de ansiedad que van de leves a graves y pueden incluso provocar un ataque de pánico. El trastorno de ansiedad por separación afecta aproximadamente al 15% de la población de Estados Unidos.

El DSM también incluye el Trastorno Obsesivo-Compulsivo (TOC), que consiste en pensamientos irracionales o intrusivos que resultan en la repetición de comportamientos específicos, y el Trastorno de Estrés Pos-Traumático (TEPT), que implica un aumento de la ansiedad después de un evento traumático. En la edición más reciente del DSM, estos problemas de salud mental ya no se incluyen en la categoría de la ansiedad, sino que han sido trasladados a otras categorías.

Aunque en su mayoría se describen como un síntoma de ansiedad, los ataques de pánico justifican una definición propia. Son similares al trastorno de pánico, pero no son lo mismo. Un ataque de pánico puede ser la respuesta a un desencadenante conocido, o puede ocurrir de manera espontánea, sin una fuente clara. Ocurren de forma repentina y alcanzan su punto máximo en cuestión de minutos, a menudo con sentimientos intensos y abrumadores de terror y ansiedad. Los ataques de pánico van acompañados de síntomas físicos aterradores como náuseas, aceleración de los latidos del corazón, mareos y dificultad para respirar. Los ataques de pánico pueden ocurrirle a cualquiera, pero muchos o frecuentes ataques pueden ser signos de un trastorno de pánico.

A diferencia de los ataques de pánico, los ataques de ansiedad no están validados por el DSM-5. El fenotipo no oficial de un ataque de ansiedad comparte cualidades similares a las de los ataques de pánico, pero no son idénticas. Un ataque de ansiedad es un sentimiento de aprehensión, preocupación, angustia o miedo abrumador. Por lo general, la ansiedad crece y se acumula lentamente y empeora a medida que se aproxima un evento estresante. Una de las razones por las que un ataque de ansiedad no se reconoce de manera oficial es por la gran variación en la presentación y la experiencia del mismo. Los síntomas pueden diferir de manera drástica entre los individuos y a lo largo del tiempo.

En el próximo capítulo, analizaremos los factores de riesgo de la ansiedad para ayudarte a comprender de dónde proviene y qué cosas contribuyen a ella.

Capítulo dos: Factores de riesgo de ansiedad

Las investigaciones han determinado una serie de factores de riesgo potenciales que pueden explicar por qué los individuos desarrollan un trastorno de ansiedad. Tanto la naturaleza como la crianza son aportes relevantes en la gama de factores de riesgo que provienen de fuentes neurobiológicas, factores ambientales y experiencias de vida. Las personas que padecen un trastorno de ansiedad pueden tener uno, múltiples, o ningún factor de riesgo. Todavía no se comprende completamente qué es lo que hace que algunas personas desarrollen trastornos de ansiedad, o por qué muchas personas experimentan estos trastornos sin razón aparente.

La comorbilidad, o la presencia de dos afecciones crónicas de manera simultánea, es muy común en los trastornos de ansiedad. Es probable que las personas que experimentan un tipo de trastorno de ansiedad desarrollen también otro. Algunos factores de riesgo son exclusivos de un tipo particular de trastorno de ansiedad, pero la mayoría de los factores de riesgo se comparten en todo el espectro de los trastornos de ansiedad. Es posible que una persona tenga un factor de riesgo, o múltiples factores, y que nunca desarrolle un trastorno de ansiedad. Sin embargo, es útil comprender los factores de riesgo para poder brindar apoyo y asistencia a quienes están en situación de riesgo.

Factores de riesgo genéticos

En general, los trastornos de ansiedad tienen una tasa de heredabilidad de hasta el 67%. Esto significa que tienden a ser hereditarios y que los factores biológicos que conducen al desarrollo de un trastorno de ansiedad probablemente sean hereditarios. Si bien el índice de herencia varía ligeramente para los trastornos de ansiedad individuales, la herencia para cada uno de ellos ha sido documentada. Los "factores biológicos" que pueden aumentar el riesgo de ansiedad se refieren a una selección de polimorfismos de un solo nucleótido (SNP) que están presentes en la sección del código genético que interviene en la expresión y regulación de las hormonas del estrés y los sistemas neurotransmisores. Estos SNP se transmiten a través del ADN, y los que tienen un pariente cercano con trastorno de ansiedad pueden tener hasta cinco veces más probabilidades de desarrollar un trastorno de ansiedad. Los factores genéticos también pueden trabajar en la dirección opuesta y aumentar la resistencia a los trastornos de ansiedad. También es importante recordar que la herencia de los factores de riesgo genéticos de los trastornos de ansiedad no garantiza que se desarrollen.

Factores de riesgo ambientales

Hay una serie de factores de riesgo ambientales que pueden llevar a una persona a desarrollar un trastorno de ansiedad, sea en la juventud o en una etapa posterior de la vida. El comportamiento de los padres tiene un efecto dramático en el bienestar de los niños, sobre todo en lo que respecta a su salud mental. La crianza de los hijos que implica niveles excesivos de control sin dar a los niños la oportunidad de ser independientes o autónomos es un factor de riesgo para que ese niño desarrolle un trastorno de ansiedad. Por el contrario, los niños que perciben el rechazo de sus padres también corren un mayor riesgo de desarrollar un trastorno de ansiedad. Además, los padres que muestran comportamientos ansiosos corren el riesgo de que su comportamiento se contagie al niño, que probablemente crecerá para mostrar comportamientos ansiosos similares.

Los acontecimientos estresantes que ocurren en la infancia hacen que el niño tenga un mayor riesgo de desarrollar un trastorno de ansiedad. Si un niño experimenta o es testigo de un trauma, sufre intimidación o acoso, abuso sexual, físico o emocional, violencia doméstica o la pérdida de uno de sus padres, es mucho más probable que experimente ansiedad a lo largo de su adolescencia y edad adulta y puede desarrollar un trastorno de ansiedad.

Condiciones médicas

La ansiedad puede ser un síntoma de muchas condiciones médicas. No es raro que los profesionales de la salud busquen problemas de salud subyacentes en los pacientes que sufren de ansiedad. Algunas afecciones médicas que son factores de riesgo para el desarrollo de la ansiedad son la enfermedad tiroidea, la menopausia, la diabetes, las enfermedades cardíacas y algunos tumores que afectan a la producción de la hormona del estrés. Además, las dificultades con el insomnio, el sueño o la somnolencia también pueden provocar un aumento de los niveles de ansiedad.

Aunque no es una causa directa, sufrir o ser diagnosticado con alguna enfermedad o condición médica puede causar ansiedad, sobre todo si es prolongada o dolorosa. La preocupación y el estrés por mantener la salud, especialmente cuando se está enfermo, pueden provocar una ansiedad intensa que puede convertirse a su vez en un trastorno. La salud de familiares o amigos cercanos también puede generar altos niveles de ansiedad que pueden afectar la vida diaria.

Elecciones de comportamiento

Las elecciones de un individuo podrían aumentar en gran medida el riesgo de desarrollar un trastorno de ansiedad. Se ha demostrado que el consumo excesivo de tabaco y cafeína son factores de riesgo para el aumento de la ansiedad. El consumo, el abuso y la abstinencia de alcohol y drogas pueden causar o exacerbar el desarrollo de un trastorno de ansiedad. Aunque el uso de drogas como el alcohol y el cannabis puede ser relajante a corto plazo, el consumo a largo plazo puede aumentar la sensación de ansiedad y provocar un trastorno. Las elecciones conductuales también pueden disminuir el riesgo de desarrollar un trastorno de ansiedad. Tanto una dieta saludable como el ejercicio regular pueden reducir de manera significativa el impacto de la ansiedad.

Género

Las mujeres corren un riesgo mucho mayor que los hombres de desarrollar un trastorno de ansiedad. La fluctuación de las hormonas ováricas, como la progesterona y los estrógenos, está involucrada en el aumento de la gravedad y la prevalencia de los síntomas de la ansiedad en las mujeres.

Capítulo tres: Síntomas y efectos de la ansiedad

La ansiedad es la forma en que el cuerpo responde al peligro. Es una herramienta evolutiva que desencadena una serie de eventos tanto físicos como mentales que preparan al cuerpo para huir o luchar. En caso de peligro, se liberan las hormonas adrenalina y cortisol, entre otras. Fluyen a través de la sangre y llegan rápido a los rincones más alejados del cuerpo y del cerebro para realizar los cambios que dan al individuo las mejores posibilidades de supervivencia. Sin embargo, se supone que esta es una solución temporal que permite al individuo escapar y luego volver a la normalidad. Los trastornos de ansiedad dan provocan un nivel de estrés mayor y más frecuente. Un estado constante de ansiedad y la liberación frecuente de hormonas como la adrenalina y el cortisol pueden tener efectos negativos en la salud física y mental a largo plazo.

Hay una amplia gama de síntomas que la ansiedad puede provocar. Un individuo puede sentir todos, algunos o uno de estos síntomas, y los síntomas varían tanto entre individuos como entre situaciones. Las personas con trastornos de ansiedad experimentan estos síntomas con mucha más frecuencia y tienen problemas para controlarlos.

Algunos ejemplos típicos de los síntomas de la ansiedad son:

Efectos cardiovasculares

Durante los períodos de ansiedad, es probable que una persona experimente un aumento de la frecuencia cardíaca. También puede tener palpitaciones y dolor en el pecho. En general, estos síntomas se deben a la liberación de adrenalina y se cree que evolucionan a partir de la necesidad de satisfacer las demandas del cuerpo durante momentos de peligro. Un ritmo cardíaco más rápido significa un suministro más rápido de oxígeno a los músculos, lo que puede ayudar en la respuesta de lucha o huida. Experimentar un ritmo cardíaco rápido con frecuencia puede aumentar el riesgo de presión arterial alta y enfermedades cardíacas.

Efectos respiratorios

La hiperventilación y la falta de aire o dificultad para respirar son síntomas comunes de la ansiedad. De manera similar a un latido cardíaco rápido, el cuerpo reacciona a la percepción del peligro respirando rápido para mover más oxígeno a través de los pulmones y por el cuerpo. Sin embargo, estas acciones pueden percibirse como una insuficiencia de oxígeno absorbido en el cuerpo, lo que a su vez puede causar más ansiedad y pánico.

Sensación de inquietud o preocupación

Uno de los principales síntomas de la ansiedad es la preocupación excesiva y la consiguiente sensación de inquietud. Para las personas que padecen un trastorno de ansiedad, la preocupación suele ser desproporcionada en relación con los acontecimientos que la desencadenan. De hecho, a menudo son los acontecimientos cotidianos anodinos los que provocan los episodios de preocupación.

Dificultad para conciliar el sueño

Los trastornos del sueño pueden causar un aumento de la ansiedad, y la ansiedad puede provocar alteraciones del sueño. Si bien no está claro en el caso de cada individuo qué fue lo primero, los tratamientos de la ansiedad a menudo conducen a una mejora de la calidad del sueño y a mejores patrones de sueño. Naturalmente, la privación del sueño a largo plazo puede provocar más problemas de salud, como depresión, pérdida de la función cerebral, problemas cardiovasculares, un sistema inmunológico debilitado y trastornos psiquiátricos. La dificultad para conciliar el sueño es el intento del cuerpo de mantenerte despierto y alerta para que reaccionar en caso de peligro.

Tensión muscular

Con frecuencia, las personas con ansiedad pueden descubrir que tensan sus músculos a lo largo del día. Aunque la tensión muscular es causada por sentimientos de ansiedad, la aplicación de técnicas terapéuticas para relajar los músculos también resulta en una reducción de los sentimientos de ansiedad. Se sospecha que los músculos tensos son una herramienta que el cuerpo utiliza para prepararse para alejarse rápido del peligro. Desafortunadamente, la tensión muscular puede resultar en dolor generalizado, dolores de cabeza por tensión y migrañas.

Fatiga

La fatiga puede ser un síntoma sorprendente de la ansiedad, ya que por lo general se asocia con estar nervioso o al límite. Sin embargo, muchas personas que sufren trastornos de ansiedad descubren que a menudo se sienten fatigadas. La fatiga puede ser crónica, y con frecuencia se produce sin ningún tipo de aviso, sin embargo, también ocurre después de un ataque de pánico. Otros síntomas como las dificultades para dormir o la tensión muscular pueden estar relacionados con la fatiga, y también existe la posibilidad de que la fatiga sea un síntoma de una condición comórbida como la depresión.

Ataques de pánico

El miedo abrumador que surge de un ataque de pánico aparece en cuestión de minutos y está acompañado de muchos síntomas extremos de ansiedad, como palpitaciones, sudoración excesiva, temblores o sacudidas notables, dolores de pecho, mareos y dificultad para respirar. Un ataque de pánico puede ocurrir de forma aislada o darse frecuente e inesperadamente. Los ataques de pánico frecuentes son sintomáticos del trastorno de pánico.

El sistema digestivo

La ansiedad puede tener efectos significativos en los sistemas digestivo y excretor. Cuando el cuerpo percibe el peligro, extrae la sangre del sistema digestivo y la dirige hacia los músculos en caso de que estos necesiten correr o luchar. Esto puede provocar dolores de estómago, diarrea, náuseas y pérdida de apetito.

Capítulo cuatro: Mindfulness (Consciencia o atención plena)

Mantenerse al día en el mundo moderno exige días atareados, hacer recados, trabajar, hacer varias cosas a la vez, supervisar y correr de un lado a otro para estar al tanto de las responsabilidades. En este apuro por cumplir con las tareas y las listas de pendientes, muchas personas se están perdiendo la experiencia de sus vidas. Dejan pasar la oportunidad de reflexionar sobre dónde están y qué están haciendo, y los momentos desaparecen de un borrón. Sin conexión con el momento presente, los individuos se sienten desconectados, perdidos e inseguros.

La pérdida de conexión con el momento presente a menudo resulta en pasar demasiado tiempo lejos de nuestros cuerpos y viviendo en nuestras cabezas, rumiando sobre el pasado o preocupándonos por el futuro. Recordar y analizar el pasado es una actividad útil, ya que puede ayudarnos a aprender de nuestras acciones anteriores y mejorar en los escenarios futuros. Del mismo modo, pensar en el futuro puede ayudar a desarrollar objetivos y establecer planes para alcanzarlos. Sin embargo, demasiado de cualquiera de los dos puede ser perjudicial. Nuestras mentes pueden estar en un tiempo y lugar diferentes de nuestros cuerpos, absortos en patrones de pensamiento dañinos, negativos y repetitivos que pueden llevar a la ansiedad, la depresión y los comportamientos perjudiciales.

El mindfulness es un estado mental activo de ser consciente del momento presente. Es saber lo que estás experimentando en cada momento, tanto en tu interior como en tu entorno exterior.

Sentir tu yo interior incluye prestar atención a tus propios pensamientos, sentimientos y emociones sin juzgarlos. La atención plena es una herramienta que te da acceso a tus emociones sin sentirte encadenado a ellas. Posteriormente, estarás mejor equipado para identificar las emociones, podrás experimentarlas con plenitud y podrás procesar las emociones de una manera sana, más reflexiva que reactiva.

Además, el mindfulness te permite considerar perspectivas nuevas. Las alteraciones y confrontaciones pueden generar sentimientos negativos en ambos lados del argumento. En lugar de que estés cegado por las emociones reactivas personales, el mindfulness puede proporcionarte acceso al panorama completo. Puede ser más fácil comprender que la persona del otro lado se sienta estresada, cansada o disgustada y que su descontento puede no ser personal. Si se deja espacio para considerar una perspectiva consciente, los sentimientos negativos se pueden comprender, experimentar y aliviar.

Las experiencias externas incluyen la atención intencionada a las actividades actuales y la información sensorial que se recibe. Cuando estamos atentos, estamos presentes y comprometidos en el momento actual sin rendirnos a la distracción de los pensamientos y las emociones. El yo se reconecta con el cuerpo físico y se centra en las sensaciones que experimenta notando de manera activa las vistas, los sonidos, los sabores y las texturas del momento presente. Te dedicas de manera consciente a tu existencia.

El mindfulness es innato en cada persona. No es una meta inalcanzable, una moda pasajera o una competencia. En cambio, es una cualidad natural disponible universalmente a la que simplemente se debe acceder y aplicar. Todo el mundo tiene la capacidad para la atención plena y puede empezar a practicar mindfulness en cualquier momento. De hecho, muchas veces, durante una semana o incluso durante todo un día, los individuos son conscientes sin saber que eso es lo que están haciendo. El mindfulness puede aplicarse en cualquier momento del día y durante cualquier actividad, ya que se trata del acto de crear un espacio para pensar, notar y experimentar el momento presente del ser.

Trabajar de manera activa para la consciencia plena no requiere un cambio de objetivos, creencias, personalidad o estilo de vida. Las opciones que exigen un cambio en las creencias fundamentales o la identidad de un individuo resultarán, inevitablemente, en un fracaso. El mindfulness funciona con lo que ya está ahí. Amplifica lo mejor dentro de cada persona al tiempo que le da herramientas para continuar su crecimiento. Los individuos conscientes no solo tienen una comprensión más completa de sí mismos, sino que son capaces de disfrutar más de la vida.

Cómo funciona el mindfulness

El mindfulness puede liberar a un individuo de la esclavitud de sus propios pensamientos y emociones al prestarle atención a ellos y a su entorno externo. En lugar de desaparecer en la mente para centrarse en las cosas que ya han sucedido o en las que podrían suceder, el mindfulness permite a las personas ser conscientes de sus emociones mientras permanecen enfocadas en el presente.

Esto evita que las emociones se vuelvan abrumadoras manteniéndolas a una distancia respetable. Como las emociones ya no están a cargo, se pueden generar respuestas más racionales y reflexivas.

Preparación para la práctica de mindfulness

El mindfulness es fácil de aprender y aplicar para cualquiera. Es una herramienta accesible completamente libre y gratuita de usar e implementar, y puede ser practicada en cualquier lugar y momento. La atención plena no requiere ningún equipo o ropa especial. Sin embargo, hay ciertos aspectos a tener en cuenta antes de comenzar la práctica.

En contraste con las presunciones populares sobre el mindfulness, el objetivo no es despejar la mente. Es poco probable que los intentos de lograr una mente vacía, sin pensamientos y enfocada tengan éxito. Esto puede llevar a la frustración y la desilusión en la práctica de mindfulness. En su lugar, el objetivo del mindfulness es centrar la mente en el presente. Aunque esto también puede requerir cierta práctica, es mucho más fácil de lograr que una mente despejada.

Los practicantes de mindfulness se darán cuenta de que la mente vaga con frecuencia. Es algo esperable y no debe tomarse como una señal de fracaso o incapacidad para perfeccionar la habilidad. Algunas estimaciones dicen que la mente humana pasa hasta la mitad de su tiempo despierta vagando. El deambular mental positivo puede ser una actividad agradable y puede aumentar la creatividad de los individuos. Sin embargo, el deambular negativo a menudo resulta en cavilaciones y preocupaciones. Naturalmente, los hábitos frecuentes de divagación mental pueden ser difíciles de controlar al principio, sobre todo porque a menudo ni siquiera nos damos cuenta de que nuestra mente está deambulando.

Mindfulness es la capacidad de darse cuenta de que la mente se ha distraído y devolverla al momento presente de manera consciente. A medida que se practica el mindfulness, los individuos son capaces de reconocer una mente errante más rápido y les resulta mucho más fácil tanto reenfocar la mente en el momento presente como permanecer en el momento presente.

Capítulo cinco: (mindfulness y ansiedad)

La rumia es el acto de pensar repetidamente en una situación, evento o problema específico sin encontrar una solución aceptable. El objeto de la rumiación podría ser algo que ocurrió en el pasado, algo que ocurre en el presente, o algo que podría ocurrir en el futuro. La repetición del problema en la mente, sin encontrar una solución, puede generar sentimientos de ansiedad, lo que conduce a rumiar más y a un aumento de los niveles de estrés que van en detrimento de encontrar una solución.

La ansiedad suele estar fuera de lugar. La razón por la que no se puede encontrar una solución a los pensamientos rumiantes es que los pensamientos ansiosos se centran en las cosas que han sucedido y no se pueden cambiar, o en las que no han sucedido todavía. Los pensamientos que inducen a la ansiedad tienden a presentarse como una repetición de un escenario pasado, centrándose en cosas que podrían haberse manejado de manera diferente o que desearías que nunca hubieran sucedido. Estos factores no se pueden modificar y no ayudan a mejorar la situación.

Pensar en el mañana nos ayuda a hacer planes y a trabajar para lograr metas. Podemos pensar en las consecuencias que queremos evitar, que a su vez pueden guiar las acciones que emprendamos. Sin embargo, cuando la mente comienza a rumiar sobre los eventos futuros posibles, la ansiedad y los niveles de estrés aumentan. Esto puede disminuir la capacidad racional para tomar decisiones efectivas en el presente que sirvan para evitar resultados no deseados.

Si bien es normal que las personas piensen en el futuro y reflexionen sobre cómo sus acciones o inacciones actuales contribuyen a sus objetivos generales, cuando estos pensamientos perduran a escala excesiva, se convierten en un desafío. El desafío se resume en la palabra "ansiedad".

Cuando pienses en la ansiedad y la atención, aférrate a estas dos palabras: reflexivo y reactivo, ya que ellas te proporcionarán una visión de la conexión entre ambos conceptos.

La ansiedad hace que una persona sea reactiva. Reaccionarás con miedo y de forma repentina a todo lo que sucede a tu alrededor y dentro de ti porque has conjurado el peor de los escenarios. La mente responde a la ansiedad causada por el aumento de los niveles de estrés, lo que hace que la persona se sienta inquieta y afecta su capacidad para tomar decisiones lógicas.

Cuando la ansiedad no se controla o se deja sin control, puede provocar complicaciones mentales graves e impedir que las personas vivan al máximo de sus posibilidades. Esto se debe a que el miedo tiene un impacto devastador en la mente. Una persona que reacciona con miedo a cada noticia aterradora o situación negativa siempre vivirá con ansiedad. Para contrarrestar el impacto de la ansiedad en la mente, se puede usar el mindfulness, que permite la reflexión en lugar de medidas reactivas.

Con el mindfulness, se nos anima a reflexionar sobre las situaciones a través de un estado mental tranquilo. En lugar de reaccionar a cada caso, cultivamos una conciencia no crítica y sin prejuicios que nos ayuda a distanciarnos de nuestros pensamientos y sentimientos. Si permanecemos en el ámbito de la reacción propiciado por la ansiedad, a menudo etiquetamos nuestros pensamientos y sentimientos como "buenos o malos", lo que causa un alto nivel de estrés mental.

Por el contrario, con el mindfulness no se busca lo que es "bueno o malo". En lugar de ello, te separas de los pensamientos y solo consideras la situación por lo que es (una situación aislada y no una que afecta tu forma de pensar).

Cuando maximizas el enfoque reactivo y reflexivo, es fácil comprender por qué el mindfulness y la ansiedad son dos ideas que se consideran juntas. Esto se debe a que una reduce el impacto que la otra tiene en la mente de una persona.

Mientras que la ansiedad obliga a los pensamientos a centrarse en el futuro y a temer lo que pueda suceder basándose en experiencias anteriores, el mindfulness ayuda a centrarse en el momento presente. Con la atención plena, es más fácil contrarrestar la rumia y la preocupación. Así estarías capacitado para evitar preocuparte por el mañana o rumiar sobre el pasado.

En lugar de pensar cosas como "¿cómo voy a pagar mis cuentas el año que viene?" y "Ojalá hubiera hecho las cosas mejor en mi adolescencia", te aferras al poder del presente y vives en ese momento. Sin embargo, vivir el momento a través del mindfulness no significa que ignores por completo las realidades de tu vida, te niegues a aprender de tus errores pasados o dejes de planificar tu futuro.

El mindfulness te ayuda a estar lo suficientemente presente como para aferrarte a la verdad del momento sin miedo. Sin miedo, lograrás tus objetivos, vivirás una vida pacífica y te deleitarás con la sensación de una mentalidad equilibrada. Mientras planificamos el futuro y aprendemos del pasado, el mindfulness nos recuerda que no debemos pasar mucho tiempo fuera del momento presente, ya que cuando lo hacemos, nos deprimimos y nos ponemos ansiosos.

Las investigaciones han demostrado que el mindfulness ayuda a reducir la ansiedad y la depresión porque enseña a las personas a responder al estrés con un sentido de conciencia, en lugar de reaccionar con miedo. El miedo es uno de los mayores desencadenantes de la ansiedad, y hace que las personas actúen de manera instintiva sin ser conscientes del hecho de que sus emociones o motivos influyen mucho en sus acciones.

Pero el desafío de la ansiedad puede combatirse con mindfulness cuando uno se anima a abrirse a sus emociones aceptándolas en lugar de asustarse o sospechar de ellas. Algunas personas se ponen ansiosas muy rápido porque, al crecer y en su vida adulta, nunca se les enseñó a manejar sus emociones.

El manejo de las emociones implica identificarlas, experimentarlas y procesarlas, que es lo que te enseña el mindfulness. Aun así, la ansiedad te alienta a ver el sentimiento como una amenaza a tu paz. ¿Cómo reaccionas ante las amenazas? Respondes a través del miedo porque te preocupa que la idea o la cosa puedan herirte.

Lamentablemente, este miedo a las emociones es una de las razones por las que tantas personas están sumidas en la depresión. Por ejemplo, si tu jefe te habla brusco en la oficina, puede ser que te preocupe haber hecho algo malo para enfadarlo. Si temes de manera persistente que el suceso vuelva a ocurrir, eso influirá en tu estado de ánimo y te hará sentir incompetente.

Sin embargo, con el mindfulness entrenas para distanciarte de una respuesta inmediata analizando la situación de manera lógica en lugar de hacerlo desde la emoción. El mindfulness te ayuda a darte cuenta de que hay otras razones por las que tu jefe está molesto. Tal vez haya tenido un día largo o tenga problemas familiares. Independientemente de lo que sea, ¡no tiene que ver contigo!

Dar interpretaciones nuevas a situaciones que te molestan y te preocupan puede ayudarte a evitar experiencias ansiosas, y así es como funciona el mindfulness. Esta "nueva" interpretación te ayudará a hacer un análisis más realista de la situación, y también te permitirá tener conciencia corporal, de la que hablaremos más en el capítulo 10.

El mindfulness también reduce la ansiedad a través de la atención enfocada. Al centrar tu atención en el momento presente, te será cada vez más difícil preocuparte por otra cosa. Tu nivel de autopercepción también cambiará a medida que no veas tus experiencias como estáticas.

Ver la propia vida a través de lentes estáticos hace que sea más fácil para una persona preocuparse por todo, porque inconscientemente cree que cualquier cosa que suceda le hará daño de forma permanente. Así empieza a pensar que no puede manejar el pasado ni influir en el futuro.

Cuando una persona ve los eventos de la vida como temporales y a través de las lentes del presente, animada por el mindfulness, cada incidente es visto como un "en desarrollo" en vez de ser "un final". Ya no te sentirás atrapado en tu mente sobre qué hacer con las expectativas futuras, y tampoco te sentirás impotente ante el pasado.

Hay tanto que decir sobre la conexión entre el mindfulness y la ansiedad que si continuamos ampliando los conceptos relacionados, puede que nunca abordemos los demás aspectos del discurso. La clave es la siguiente: puedes combatir la ansiedad a través del mindfulness.

Si alguien está atrapado en el pasado, no es consciente del presente y teme el futuro, será propenso a la ansiedad y la depresión. A través del mindfulness, las respuestas y soluciones se vuelven más accesibles para las personas, por lo que pueden evitar la trampa del miedo. Esto se logra a través de los métodos y técnicas probadas que discutiremos en el capítulo siete.

En este capítulo hemos introducido el concepto de mindfulness y cómo se relaciona con la ansiedad. Consideramos la conexión entre dos ideas clave que representan lo que debemos evitar (reacción) y lo que debemos abrazar (reflexión). Si bien en este capítulo se afirma que está bien planificar el futuro y aprender del pasado, debemos recordar aferrarnos al momento presente porque el mindfulness es la forma en que podemos combatir la ansiedad.

A partir de aquí, nos basaremos en la información de este capítulo para proporcionar detalles sobre los beneficios del mindfulness. ¿Por qué deberíamos tomar en serio el mindfulness, y qué gana alguien con esta práctica? Aparte del valor del mindfulness que se analiza en este capítulo, ¿existen otros beneficios adicionales? Pasa al siguiente capítulo para saber más.

Capítulo seis: (Los otros beneficios del mindfulness)

En el capítulo anterior, descubrimos la conexión entre la atención plena y la ansiedad mientras prestábamos atención a su relación simbiótica (una afecta a la otra). Sin embargo, hay beneficios adicionales del mindfulness que debes conocer. Esto te hará darte cuenta de lo importante que es al ayudarte a reducir el impacto de la preocupación y la ansiedad.

En este capítulo, exploraremos algunos beneficios específicos e impactantes del mindfulness. Estos beneficios de la atención plena tienen un impacto en la salud física, mental y emocional. Aquí presentaremos diez de los beneficios más comúnmente reportados.

Menor reactividad emocional

La reactividad emocional es una de las principales causas de preocupación y miedo en las personas. Cuanto más emocionalmente reacciona una persona a situaciones específicas, más fácil le resulta sentir estrés mental.

El mindfulness permite la calma y la paz dentro de la propia mente, de manera tal que la reactividad emocional se reduce y el individuo maneja los problemas desde una posición de claridad. ¿Recuerdas cuando hablamos de ser reactivo y cómo eso afecta a tu estado mental?

Cuanto más reactiva es una persona, mayor es la propensión a preocuparse y angustiarse. A través de las técnicas de mindfulness, es fácil disminuir las reacciones emocionales de tal manera que en lugar de ser reactivos, nos volvemos más relajados y lógicos.

Flexibilidad cognitiva

Además de ayudar a las personas a ser menos reactivas, el mindfulness también asegura una mayor flexibilidad cognitiva. Un estudio descubrió que las personas que se comprometen con el mindfulness desarrollan mejores habilidades cognitivas flexibles que les ayudan a manejar las situaciones más de manera más eficaz.

Por ejemplo, con habilidades de mindfulness como la meditación, una persona alcanza la fortaleza mental, que es un importante refuerzo cognitivo. El mindfulness permite la claridad, reduce las distracciones y permite el pensamiento crítico.

Reducción y tratamiento de la depresión

El mindfulness reduce el impacto de la depresión y también es un tratamiento adecuado. Cualquier persona que esté deprimida o haya experimentado episodios depresivos puede encontrar consuelo en las posibilidades curativas del mindfulness. Una persona que practique mindfulness con intención será menos susceptible a la depresión y podrá disfrutar de una relación más saludable consigo misma y con los demás.

La depresión no ocurre por sí sola. Ocurre después de una serie de eventos que se acumulan en un espacio mental desequilibrado, pero el mindfulness combate estas experiencias.

El mindfulness destierra los sentimientos negativos temporales

Amargura, ira, arrepentimiento, dolor (continúa, añade más palabras que representen emociones negativas). Todos estos sentimientos se generan ansiedad y depresión. Si no se controlan, pueden afectar la salud mental del individuo a largo plazo. Aunque son sentimientos "temporales", pueden causar un daño tan extenso que paralizan el estado mental de la persona.

Además, esos sentimientos generan miedo, y la mejor manera de prevenir su impacto continuo es utilizando técnicas de mindfulness. En lugar de que te encuentres sentado todo el día lidiando con la ansiedad y la preocupación por el futuro de tu carrera, el mindfulness te ayuda a disfrutar del momento y a dar lo mejor de ti en el presente.

Reducción del estrés

El estrés es un desencadenante de la ansiedad, y uno de los beneficios del mindfulness es que ayuda a reducir el estrés. Imagina tener un día difícil y sentir que la presión sale lentamente de tu cuerpo. El mindfulness ayuda a las personas a relajarse. El estrés que normalmente se asocia con eventos específicos no les afecta. Técnicas como la meditación y el yoga, de las que hablaremos en profundidad en capítulos posteriores, ayudan a mantener al individuo lo suficientemente equilibrado mentalmente como para mantener alejada la presión.

Prevención de las recaídas de la depresión

A veces, las personas que se enfrentan a la depresión encuentran maneras de salir de ella, pero para estar libres de depresión es necesario asegurarse de que no se produzca un declive. Las investigaciones basadas en la terapia cognitiva y el mindfulness demuestran que el mindfulness previene la recaída de la depresión.

Los pacientes con depresión y los pacientes con antecedentes de trastornos depresivos graves que participan de manera activa en las prácticas de mindfulness desarrollan una resistencia mental sólida que los protege de futuras recaídas. La seguridad de no experimentar un declive se deriva del hecho de que, mediante técnicas como el yoga, la meditación y la conciencia corporal, los pacientes controlan mejor sus mentes y son menos receptivos a los pensamientos depresivos.

El mindfulness reduce las distracciones cerebrales

A través de mindfulness, puedes entrenar tu mente para que se concentre en tareas específicas, reduciendo así las distracciones y otras inconsistencias en el cerebro. Es fácil distraerse en el mundo en el que vivimos debido a la gran variedad de material digital y diferentes cosas que compiten por nuestra atención.

Sin embargo, el tiempo que pasas siendo consciente y estando presente en el momento ayuda a aquietar el cerebro de tal manera que solo prestas atención a las cosas que importan en lugar de distraerte todo el tiempo.

Satisfacción en las relaciones y en la vida

Otro beneficio del mindfulness es la satisfacción que sientes con la vida y las relaciones porque te ayuda a ser más consciente de las alegrías de la vida. Una persona consciente es también una persona agradecida que no se queja de las experiencias negativas de la vida, sino que encuentra satisfacción en lo bueno que ve y experimenta.

A través de los compromisos conscientes y consistentes, estas personas se vuelven más conscientes de sus relaciones valiosas y están más contentas con sus vidas.

Dormir mejor

Uno de los impactos más dañinos de la preocupación y la ansiedad es que te privan del sueño adecuado. Mientras otros duermen, las personas deprimidas y ansiosas dan vueltas en la noche porque tienen tantas cosas en su mente que no pueden conciliar el sueño o permanecer dormidos.

Sin embargo, si practicas mindfulness durante el tiempo suficiente, observarás cambios en la calidad y los ciclos del sueño, de manera tal que disfrutarás las noches de descanso. Tienes patrones de sueño pobres porque no estás viviendo en el momento presente, y permites que las preocupaciones del futuro o del pasado roben tu conciencia actual. El mindfulness corrige este círculo vicioso incrementando tu conciencia del AHORA y encontrando la satisfacción en ese momento.

Mejora la atención

El mindfulness es una técnica probada que mejora la capacidad de un individuo para que tenga una mejor capacidad de atención. Algunas personas son incapaces de concentrarse en una tarea o acontecimiento en particular, y esta falta de concentración contribuye a la falta de confianza en su capacidad para hacer las cosas.

Cuando una persona no tiene tanta confianza como debería, su tendencia a ponerse ansiosa aumenta. Es entonces cuando el mindfulness se convierte en una técnica crucial a utilizar. Cuando una persona empieza a practicar varias técnicas de mindfulness, experimenta una mejora en la capacidad de atención con una mayor idoneidad para prestar atención a las cosas sin distracciones.

El mindfulness es una técnica viable y eficaz te permite superar la ansiedad. Eres mentalmente capaz de manejar cualquier cosa que, con preocupación y ansiedad, amenace tu paz. ¿Cómo podemos usar la atención plena para abordar el estrés que enfrentamos? ¿Existen habilidades específicas que podamos aprender para aprovechar al máximo esta técnica? Del capítulo ocho al diez, detallaremos con amplitud los distintos tipos de técnicas de mindfulness que se pueden implementar para lidiar con la preocupación, combatir el miedo y eliminar la ansiedad. ¡Prepárate para desarrollar habilidades que puedes usar de inmediato para mantener la ansiedad a raya!

Capítulo siete: (Técnicas de mindfulness Ejercicios de respiración)

Los ejercicios de respiración son la primera técnica de mindfulness que necesitas aprender. Aunque la respiración es un proceso fundamental, esta técnica te permite enfocar el ritmo y el flujo de tu respiración de manera tal que impacte en tu estado mental. Los ejercicios de respiración también te ayudan a concentrarte y sentir cada inhalación y exhalación. Esto te permite desviar la atención de los sentimientos de ansiedad, el miedo y las emociones negativas.

Con las técnicas mindfulness de respiración, puedes aprovechar el poder de tu respiración al estar conectado con el momento presente, restableciendo así la calma interior. En vez de sentirte abrumado por todo lo que sucede a tu alrededor, sientes una sensación de alivio y paz cuando tu atención ya no se centra en los problemas sino en cómo respiras.

Las técnicas de respiración explican por qué las personas se sienten mejor después de los ejercicios de mindfulness. A través de la inhalación y la exhalación, una persona libera energías negativas y respira una energía tranquila que combate el miedo.

En ese momento de calma, nada perturba tu paz. El oxígeno revitaliza tu cuerpo, tu mente pasa por una fase de reajuste y te sientes mejor en tu propio cuerpo. Hay ejercicios de respiración específicos que permiten la atención plena. No basta con sentarse en un lugar e inhalar y exhalar. Aquí descubrirás ejercicios de respiración que te enseñarán a respirar de manera correcta para maximizar los beneficios del mindfulness.

Respiración alternada por las fosas nasales

La técnica de respiración alternada de las fosas nasales se utiliza durante la meditación. Con este método, puedes revitalizar tu cuerpo, mente y espíritu. Los siguientes pasos te ayudarán a maximizar este proceso:

- Usa tu pulgar derecho para tapar tu fosa nasal derecha.
- Usando tu fosa nasal izquierda, inhala profundamente.
- Quita el pulgar de la fosa nasal derecha y tapa la fosa nasal izquierda con el dedo anular de la misma mano.
- Exhala lentamente por la fosa nasal izquierda.
- Repite el proceso varias veces y luego cambia, comenzando por tapar la fosa nasal izquierda...

La técnica de respiración del yoga

La técnica de respiración del yoga se utiliza comúnmente durante la práctica de yoga, y es fácil. Puedes calmar tu respiración y disfrutar del mindfulness con este proceso siguiendo los pasos que se indican a continuación:

- Inhala despacio.
- Haz una pausa.
- Deja que tu respiración salga lentamente.
- Haz otra pausa y repite el proceso.

La respiración 4-7-8

También conocida como "método de relajación". Se puede decir que esta técnica es una de las formas más fáciles de disfrutar del proceso de respiración consciente. Este método puede calmar rápido tu sistema nervioso, de manera tal que al respirar sentirás que tus nervios se tranquilizan. Este método es útil para las personas que buscan formas de calmar sus mentes porque sufren de ansiedad o trastornos del sueño. Así es como funciona:

- Inhala profundo.
- Coloca la punta de la lengua en la parte posterior de tus dientes.
- Con un silbido y un gran suspiro, exhala profundamente.
- Con la boca cerrada, inhala por la nariz y cuenta hasta cuatro.
- Aguanta hasta la cuenta de siete.

- Exhala profundo y suelta un gran suspiro a la cuenta de ocho.
- Repite el proceso.

El método de contar hasta cuatro

La técnica de contar hasta cuatro es común dado que es una herramienta meditativa poderosa que permite a los usuarios contar hasta cuatro y luego contar hacia atrás haciendo respiraciones cronometradas. Puedes utilizar números diferentes (todo depende de tu preferencia), pero la cuenta de cuatro es la más común, y así es como puede utilizarse:

- Inhala primero - cuenta uno
- Exhala - cuenta dos
- Inspira - cuenta tres
- Exhala - cuenta cuatro
- Inspira - cuenta tres
- Exhala - cuenta dos
- Inspirar - cuenta uno
- Exhala - cuenta dos
- Repite el proceso por lo menos dos o tres veces.

La técnica de la respiración del león

Este método de respiración consciente es una práctica energizante utilizada por los entusiastas del yoga para eliminar la tensión en el pecho y la cara. Con este método, el estrés se alivia y la presión disminuye.

Para usar este método, tendrás que:

- Sentarte con las piernas cruzadas en un lugar cómodo.
- Tener las palmas de las manos presionadas contra las rodillas con los dedos bien abiertos.

- Inhalar profundo por la nariz con los ojos bien abiertos (como un león).
- Abrir la boca.
- Sacar la lengua.
- Exhalar.
- Los músculos de la garganta deben contraerse al exhalar por la boca. Haz un fuerte sonido "HA" mientras exhalas.
- Gira la mirada para considerar el espacio entre las cejas y la punta de la nariz.
- Haz esto 2-3 veces.

Respiración equitativa

La técnica de respiración equitativa se centra en ayudarte a inhalar y exhalar durante la misma cantidad de tiempo. Esto permite una respiración suave, estabiliza el ritmo cardíaco y trae equilibrio y serenidad.

Para sacar el máximo provecho de este método, debes encontrar una duración de respiración adecuada para ti (ni demasiado fácil ni demasiado difícil). No respires demasiado rápido y elige un período de tiempo que puedas mantener (lo ideal es una cuenta de 3 a 5).

Cuando te acostumbres al proceso de respiración mientras estás sentado, podrás practicarlo en cualquier momento que necesites calmar tus nervios o concentrarte. Esta técnica se hace así:

- Elige en una posición cómoda.
- Inhala y exhala por la nariz.
- Cuenta cada inhalación y exhalación para asegurarte de que la duración de las respiraciones sea igual.
- Para ayudar a lograr la uniformidad, puedes elegir una frase y repetirla en tu mente mientras inhalas y exhalas.
- Añade una ligera pausa después de la inhalación y la exhalación para sentirte cómodo y disfrutar del proceso.
- Continúa durante cinco minutos.

Respiración de labios fruncidos

La técnica de respiración con labios fruncidos es una de las formas más sencillas de ralentizar el ritmo de la respiración y permanecer en el momento presente con cada respiración. Esta técnica es perfecta en cualquier momento y puede ser utilizada varias veces al día.

Para practicar este método, debes:

- Primero, relajar tu cuello y hombros.
- Mantener tu boca cerrada.
- Inhalar por la nariz lento durante 2 conteos.
- Fruncir los labios.
- Exhalar soplando el aire a través de los labios fruncidos contando hasta 4.
- Repetir varias veces hasta que te sientas calmo.

Respiración resonante o coherente

Este método se practica respirando a un ritmo de cinco respiraciones completas por minuto, y ese ritmo puedes alcanzarlo inhalando y exhalando a la cuenta de cinco. Cuando respiras a este ritmo, maximizas el ritmo cardíaco, reduciendo el estrés y los síntomas de depresión.

Puedes utilizar la respiración resonante o coherente:

- Inhalando contando hasta cinco
- Exhalando contando hasta cinco
- Repitiendo el proceso unos minutos hasta que sientas que liberas tensión.

Respiración profunda

Con la técnica de respiración profunda, experimentarás menos dificultad para respirar y sentirás que una calma profunda te invade. Con este método, respirarás aire fresco que llevará más oxígeno a tu cerebro y cuerpo.

Aunque la respiración profunda en sí misma es una técnica de respiración común, hacerlo a través de la atención plena es un proceso específico. Respirarás profundo y liberarás toda la ansiedad al tiempo que estableces la calma en tu cuerpo.

Para participar en esta técnica de respiración profunda, solo tienes que:

- Estar de pie o sentado cómodo y flexionar un poco los codos hacia atrás (esto permite que el pecho se expanda cuando respiras).
- Inhalar profundo por la nariz.
- Aguantar la respiración y contar hasta cinco.
- Exhalar lento por la nariz.
- Repetir el proceso hasta que te sientas calmo.

Esta técnica aporta calma en cualquier situación y te ayudará a recuperar la paz. El secreto es usar esta respiración de forma intencional y consistente. Más aún, no tienes que esperar hasta estar en una situación "incómoda" antes de intentar estos ejercicios de respiración. Practicarlos te ayudará a sentirte más relajado en general y capaz de afrontar los desafíos.

Dedica espacio en tu agenda varias veces a la semana para practicar estas técnicas de respiración. Úsalas a diario para obtener el beneficio máximo. Si deseas aprender más sobre los ejercicios de respiración, puedes hablar con un profesor de yoga o un terapeuta respiratorio. Consulta a tu médico si tienes alguna inquietud.

En el próximo capítulo, exploraremos la meditación como una técnica de mindfulness.

Capítulo ocho: (Técnicas de mindfulness – Meditación)

Hemos completado la primera técnica de mindfulness, que implica la respiración. ¿Has estado practicando los métodos que aprendiste? Hay más métodos para explorar, métodos que te ayudarán a aprovechar al máximo el mindfulness y a combatir el miedo, la preocupación y la ansiedad.

La segunda técnica que discutiremos es la meditación. Es muy conocida y uno de los métodos más discutidos para practicar la atención plena. Esto se debe a su eficacia. Analizaremos la meditación y cómo ayuda al mindfulness.

Quedar atrapado en todas las actividades y tareas que necesitas hacer en un día hace que te preocupes por tu capacidad y habilidad para manejar las obligaciones. A través de la meditación consciente, tienes una oportunidad única de hacer una pausa, tomar un descanso del mundo acelerado, y anclar tu mente en el presente.

La meditación es un ejercicio mental que implica estar TOTALMENTE enfocado en el ahora, controlando tus pensamientos, sentimientos y sensaciones sin juzgar. La meditación mindfulness significa controlarse mentalmente, ralentizar los pensamientos acelerados, dejar ir la negatividad y calmar el cuerpo y la mente.

Existen diferentes tipos de técnicas de mindfulness, pero la meditación es un método principal porque también es una combinación de otras técnicas de atención plena. Mientras meditas, también realizas prácticas de respiración y conciencia corporal, que son dos técnicas de mindfulness destacadas. Mientras practicas la meditación mindfulness, no es necesario que te participes con accesorios y preparaciones extravagantes como velas perfumadas, aceites esenciales, etc.

Todo lo que tienes que hacer para empezar es hacerte un tiempo, conseguir un lugar cómodo donde sentarte, programar de 3 a 5 minutos el temporizador y calmar tu mente para alcanzar un estado mental libre de juicios. La meditación se basa en la práctica constante, así que no te desanimes si no puedes despejar tu mente y relajarte las primeras veces que lo intentes. Cuanto más practiques, mejor técnica tendrás. Esto significa que también se convertirá en parte de tu vida. Repasemos la mejor manera de practicar la meditación consciente.

Cómo empezar

Para empezar, primero debes reconocer que se trata de una técnica sencilla que puedes practicar por tu cuenta. No necesitas un profesor o un programa específico, a menos que la practiques por razones de salud específicas y necesites ayuda con ella. Toma la decisión de hacerlo, y sigue adelante. Los siguientes pasos te ayudarán a comenzar con el proceso de la meditación mindfulness.

Establece un momento para la meditación

El tiempo es crucial para la meditación activa. Debes reservar intencionalmente un momento para la práctica. Si tienes niños en casa o a tu alrededor, puedes hacer esto 30 minutos antes de que se despierten por la mañana, o después de que se vayan a dormir. Si no tienes hijos, busca el mejor momento del día para practicar la meditación mindfulness. No seas duro contigo mismo si al principio te resulta difícil hacerte un tiempo o si estás distraído. A veces la vida se interpone en el camino. Inténtalo en otra ocasión.

Asegúrate de estar y sentirte cómodo

A continuación, relájate encontrando un espacio tranquilo y cómodo con mínimas distracciones o sin ellas. Puedes sentarte en una silla con la cabeza recta pero no rígida, o sentarte en el suelo. Usa ropa cómoda y suelta para sentirte libre y sin restricciones.

Usa un temporizador o cronómetro

El temporizador no es obligatorio, sobre todo para los que están acostumbrados a meditar, ya que pueden decidir cuándo empezar y cuándo parar. Como principiante, usa un temporizador o una alarma suave para concentrarte en la meditación sin distraerte con la hora.

El temporizador también te ayudará a reducir todas las excusas para parar de forma abrupta y hacer otra cosa. Te permite meditar durante el tiempo adecuado, en lugar de preocuparte por pasar demasiado o poco tiempo.

Concéntrate en tu respiración

Cuando empieces a meditar, por favor, concéntrate en tu patrón de respiración y sé consciente de ella. Siente cómo tu vientre sube y baja cuando el aire entra por tu nariz y sale por tu boca. Además, presta atención a cómo cambia cada respiración. Concentrarse en la respiración ayuda a ser consciente del momento meditativo.

Disfruta de un descanso

Mientras meditas, si descubres que te distraes demasiado o te dejas llevar por tus pensamientos, toma un descanso y lleva tu mente de vuelta al momento. A veces, en las etapas iniciales de la meditación, tu mente puede visitar pensamientos que pueden incitar al miedo, la ansiedad o la preocupación. Si esto sucede, no seas tan duro contigo mismo. En lugar de eso, concéntrate en practicar cómo volver a tu respiración y en el presente a través del mindfulness.

Puedes usar una aplicación

Si te resulta difícil practicar la meditación mindfulness por tu cuenta, tal vez quieras usar aplicaciones que proporcionen sesiones de meditación gratuitas y te enseñen cómo mantenerte centrado durante todo el día. Luego, cuando estés acostumbrado a entrar en un estado meditativo, quizás no necesites usar estas aplicaciones.

Practicar la meditación mindfulness te ayuda a descubrir mejores formas de introducir el mindfulness en tu vida diaria, sobre todo en esos días o momentos abrumadores. Utilizando un día típico como ejemplo, puedes hacer muchas cosas de forma consciente y meditativa para conseguir un mejor control de tu estado mental y deshacerte de la ansiedad.

Eres consciente cada vez que te tomas un descanso del trabajo o de una actividad para centrar la atención en el momento presente. Puedes aumentar esto de manera intencional y añadir la meditación a ese proceso de atención. La experiencia de la meditación mindfulness te ayuda a disfrutar del momento presente enriquecedor en lugar de quedarte atascado en los fracasos pasados o en los miedos futuros.

Estas son algunas actividades diarias sencillas que puedes hacer para ayudar a introducir la meditación mindfulness en tu vida:

- Al conducir, enciende la radio y pon música relajante mientras te aseguras de que tus manos estén relajadas sobre el volante en lugar de agarrarlo con fuerza. Cuando tu mente se desvíe de ese momento, regresa a la canción y a la carretera y quédate en ese momento.
- Mientras lavas los platos, saborea la sensación del agua que corre por tus manos y maravíllate con las burbujas y los sonidos de los platos chocando entre sí.
- Al cepillarte los dientes, siente los pies en el suelo y disfruta la sensación de estar limpiando tus dientes.
- Cuando juegues con tus hijos, disfruta de la melodía de sus risas. Aférrate a la imagen de ellos jugando y sonriendo.

Estas pueden parecer actividades cotidianas y regulares, pero son la mejor manera de incorporar mindfulness a tu vida, ya que te ayudan a estar presente. Cuando medites, las imágenes y sensaciones que guardas en tu memoria se convertirán en el material que usarás para permanecer en el presente.

Por ejemplo, cuando tranquilizas tu mente con la meditación, puedes querer deshacerte de pensamientos dañinos y tóxicos, pero es algo difícil para una mente inactiva. Concéntrate en tu recuerdo de las voces de los niños riendo, la música relajante mientras conduces por la autopista, o la cálida sensación de los abrazos que de tu abuela.

Esta comprensión es la razón por la que el mindfulness y la meditación son una combinación poderosa. Aquello de lo que eres consciente se convierte en lo que meditas. Esta es una manera perfecta de combatir la ansiedad y la preocupación. El objetivo principal es hacer de la meditación mindfulness una constante en tu vida.

¡Grandioso! Ahora que sabes cómo funciona la meditación mindfulness, pasaremos a la siguiente técnica, que también es muy popular y efectiva. ¡¡Aprendamos sobre el YOGA!!

Capítulo nueve: (Técnicas de mindfulness – Yoga)

El yoga es una práctica antigua. Las personas confían en él para aliviar el estrés, aquietar sus mentes y encontrar la paz interior. Aunque el yoga y el mindfulness no son ideas nuevas, el concepto de "yoga consciente" es relativamente nuevo. Aquí consideraremos la mejor manera de utilizar esta técnica para combatir la ansiedad, la preocupación y el miedo.

El yoga consciente fusiona las prácticas de yoga y mindfulness para ayudar a un individuo a mantenerse en el momento presente mientras disfruta de la conexión que tiene con su cuerpo, mente, alma y espíritu. El mindfulness es una parte de la práctica física del yoga. Esta idea ayuda a un individuo a mantener el enfoque en su cuerpo-mente siendo consciente de sí mismo en un momento dado.

Con el yoga, los ejercicios se convierten en meditativos a través de la atención plena: estás presente 100% en lugar de practicar yoga solo por las posturas y los ejercicios. Como técnica de mindfulness, el yoga promete ayudar a un individuo a combatir el miedo a través de la conciencia del cuerpo, una mayor conexión espiritual y la meditación.

La participación en la toma de conciencia mientras practicas yoga como actividad física eleva el nivel de concentración. Es difícil que los pensamientos negativos penetren en tu mente y te roben la conciencia del momento.

Un aspecto crucial de la técnica de yoga consciente es su énfasis en la observación más que en la reacción. Se da mayor importancia a la observación del contenido de la mente, los sentimientos y las emociones mientras se hace una postura de yoga. Esa observación lleva a una mejor comprensión de uno mismo en oposición a la crítica. A través de este proceso, puedes profundizar en el inconsciente para entender el "por qué" y ganar claridad en temas específicos.

El mindfulness funciona en cualquier clase de yoga, y se puede utilizar con cualquier técnica de yoga porque contribuye y mejora la conciencia del momento. La próxima vez que practiques yoga, recuerda el yoga consciente y trata de incorporar el mindfulness en tus técnicas. Cuando lo hagas, observarás que tus momentos de yoga son más efectivos y te ayudan a combatir el miedo.

El yoga consciente no es tan tradicional como las prácticas regulares de yoga porque se centra menos en la postura y se hace más hincapié en la conciencia del cuerpo y la mente. Al practicar el yoga consciente, se te animará a trabajar principalmente dentro de tu mente, aprendiendo primero a aceptarte a ti mismo con compasión y a abrirte a las posibilidades de la vida.

Algunas personas sienten el impacto del yoga de manera profunda y fuerte mientras participan en la práctica misma, y después vuelven al mismo ciclo de ansiedad y preocupación porque no estuvieron atentos durante la práctica. A través del yoga consciente, no solo te centras en el yoga en sí, sino que también buscas una conexión positiva permanente entre las posturas y el impacto que tienen en tu mente.

El yoga consciente también te ayuda a escuchar a tu cuerpo con atención y honestidad. A veces, el estrés se convierte en ansiedad porque no prestamos suficiente atención a nuestros cuerpos y mentes. La vida "rápida" de la sociedad moderna nos lleva a minimizar la importancia de hacer una pausa y prestar atención al ritmo de nuestro cuerpo.

Sin embargo, con el yoga consciente no solo escuchas tus pensamientos. También te vuelves consciente de tu cuerpo. La conciencia del cuerpo es una técnica de mindfulness que discutiremos en el capítulo diez. El yoga consciente es el proceso de entrelazar todos los elementos del mindfulness y el yoga para lograr una experiencia holística y positiva.

Algunos de los elementos que se entrelazan incluyen la postura, la respiración, el movimiento y la conciencia corporal. Con ellos puedes eliminar la presión de tu vida y vivir el momento.

Cómo practicar el yoga consciente

La mejor manera de practicar el yoga consciente es usando un enfoque sistemático de pasos definidos en lugar de solo estar atento a usar posturas de yoga. Este enfoque sistemático significa ser intencional en la práctica. Aunque el mindfulness funciona con diferentes posturas de yoga, es necesario conocer las posturas en las que participarás para que ser consciente de lo que te estás esforzando. No basta con que te presentes y empieces a hacer yoga. Al igual que con la meditación, tienes que ser intencional con la práctica. Tienes que tomarte un tiempo y prestar atención para sacar el máximo provecho de tu actividad.

Escaneos corporales del yoga

Los escaneos corporales mejoran el yoga consciente. Requieren que busques las áreas de tu cuerpo que necesitan atención y que hagas posturas de yoga que se enfoquen en esas áreas. Mientras trabajas en este aspecto físico de tu cuerpo, también alinearás tus pensamientos y sentidos, de manera que tus energías estén armonizadas para un cambio efectivo.

Con el yoga consciente, se te anima a ser curioso y abierto con la exploración del cuerpo, lo que te incita a efectuar cambios físicos a través de la conexión mental. Por ejemplo, un síntoma de miedo en tu vida es un ritmo cardíaco más rápido, que puede ser poco saludable y llevarte a la taquicardia, que es un ritmo cardíaco alto. Si el ritmo cardíaco continúa en un nivel alto, puede provocar un ataque cardíaco.

A través del yoga consciente y el escaneo corporal puedes ser consciente de los problemas físicos causados por la tensión mental y calmar tu ritmo cardíaco mientras te concentras en la respiración.

Instrucciones del yoga

El yoga consciente puede ser maximizado a través de la instrucción de yoga si el individuo trabaja con un instructor. Después de que el estudiante de yoga realice su postura inicial, se le debe recordar que tiene que volverse consciente enfocándose primero en su respiración. ¿Es la respiración profunda? ¿Lenta? ¿Rápida? ¿Poco profunda?

La atención que se activa durante estas sesiones se centra en el lugar del cuerpo del que surge la sensación. También se trata de cuán presente está el individuo en ese momento. Si la clase de yoga es una actividad de grupo, los estudiantes deben evitar distraerse mirando a otros participantes.

Las instrucciones de yoga también son cruciales para asegurar la armonía entre la respiración, la conciencia del cuerpo, la postura y la conciencia del momento. El instructor debe recordar a los participantes que vuelvan al momento presente y se den cuenta de lo que sucede a su alrededor. A través de este recordatorio, los estudiantes identificarán los pensamientos perturbadores, entenderán por qué se sienten así y aceptarán los problemas en lugar de huir de ellos.

El yoga y los cuatro fundamentos del mindfulness

El yoga consciente a través de los "cuatro fundamentos del mindfulness" implica lo siguiente:

- **Mindfulness del cuerpo**: Discutiremos la conciencia del cuerpo y la conciencia en otro capítulo, pero antes debes saber que estar atento a tu cuerpo es crucial durante el yoga consciente. Usarás tu cuerpo durante las posturas de yoga, pero también habrá una conexión entre tu cuerpo, mente, alma y espíritu. Mientras estés atento a tu mente, pensamientos y sentimientos, presta atención a los movimientos de tu cuerpo.

- **Mindfulness de la mente**: La atención de la mente permite al individuo estar conectado con su mente y sus contenidos de manera tal que no pierda el control de sus pensamientos. Guardas lo bueno y descartas lo tóxico. Más aún, la atención de la mente durante el yoga te ayuda a entender que ¡NO SOMOS NUESTROS PENSAMIENTOS! Puedes tener pensamientos desagradables por haber vivido circunstancias desagradables, pero eso no significa que seas una persona desagradable. El yoga consciente te ayuda con esta distinción.

- **Mindfulness de los sentimientos**: La atención plena de los sentimientos se refiere a las sensaciones y emociones corporales y a etiquetarlas como agradables o desagradables. Cuando practiques yoga consciente, reconocerás rápido una calidez agradable y te aferrarás a ella, mientras descubres las emociones incómodas y las dejas ir.

Para sacar lo mejor del mindfulness y tratar la ansiedad y la preocupación, debes ser intencional con el yoga consciente. Sí, el yoga es excelente, pero el yoga consciente es una forma mejorada de mantener la conexión con todos los aspectos de tu vida de manera que no haya lugar para la negatividad.

En el siguiente capítulo, hablaremos de la última técnica de mindfulness que se centra en la conciencia del cuerpo.

Capítulo diez: (Técnicas de mindfulness - Consciencia corporal)

Por último, hablaremos de la consciencia corporal. Es una de las técnicas de mindfulness más importantes que puedes usar para lidiar con la preocupación y la ansiedad. La conciencia corporal es la habilidad de ser consciente de todo lo que se relaciona con tu cuerpo. ¿Por qué es tan importante? La consciencia corporal nos ayuda a entender cómo conectarnos con nosotros mismos, con otras personas y con nuestro entorno.

Desde el nacimiento, a través de la infancia y en la edad adulta, somos criados para ser conscientes de lo que sucede a nuestro alrededor. Este entrenamiento hace que centremos nuestra atención en lo que nos pasa a nosotros y a nuestro alrededor en lugar de lo que pasa dentro de nosotros. El problema de la falta de conciencia corporal es que no sabes cuáles son los factores desencadenantes de la ansiedad, y no sabrás cómo responder cuando experimentes tales factores físicamente.

Cuando usas la consciencia corporal como una técnica de mindfulness, notas lo que sucede a tu alrededor, pero tu primer compromiso es con tu cuerpo y con ser consciente de la conexión entre tus emociones y tu cuerpo.

Ahora mismo, mientras lees este libro, ¿cómo te sientes? ¿Cómo se siente tu cuerpo? ¿Eres consciente del impacto que tus emociones tienen sobre tu cuerpo? Cuando hablamos de cómo lidiar con el miedo, la ansiedad y la preocupación, a menudo ignoramos los aspectos físicos, pero tu cuerpo es tan importante como tu mente.

La consciencia corporal también está relacionada con el concepto de gestión del cuerpo, que es la capacidad de identificar e integrar la información de tus sentidos. Tu cuerpo siempre está hablando, pero la pregunta es: "¿lo escuchas?". Antes de que tu cuerpo se descomponga por el miedo, la preocupación y la ansiedad, te habrá dado indicadores de que se encuentra con dificultades. ¿Los ignoraste?

Algunos de los indicadores pueden atribuirse al estrés, la presión de los demás o el dolor de las expectativas incumplidas que llevan a noches de insomnio. Sean cuales sean los desencadenantes, el cuerpo siempre da pistas, pero cuando las personas están extremadamente ocupadas y no son CONSCIENTES de sus cuerpos, no ven tales pistas.

Sin embargo, con la consciencia del cuerpo y el mindfulness te controlarás a ti mismo de manera regular para hacer un balance del estado de tu cuerpo y de cómo te sientes. Usando esta técnica, puedes reducir la tensión, combatir el miedo, y aumentar tu consciencia motora.

El miedo, la ansiedad, la preocupación y todas las demás emociones negativas tienen un impacto significativo en nuestros cuerpos. Cuando te vuelves intencional con la conciencia del cuerpo, atraes la atención a tu estado físico y eres capaz de combatir estos sentimientos de manera más efectiva. Todo lo relacionado con la consciencia corporal consciente es práctico, como descubrirás a través de los pasos que se indican a continuación.

Ponte cómodo

Comienza la práctica de la consciencia corporal poniéndote cómodo. Siéntate en posición vertical en una silla o con las piernas cruzadas en el suelo. Apunta la parte superior de tu cabeza directo al techo y descansa tus manos en las piernas, sea boca abajo o boca arriba, lo que te resulte más cómodo.

Cierra los ojos

A continuación, cierra los ojos y concéntrate en tu cuerpo dejando el mundo exterior afuera y manteniendo tus pensamientos alejados de él. Luego, concéntrate en tu respiración. Inhala y exhala profunda y uniformemente mientras llenas tu vientre con la respiración. Concéntrate en la respiración y presta atención a tu cuerpo: nota cómo se sienten tus manos, piernas y otras partes del cuerpo.

Mantén tu atención

Presta atención a todo tu cuerpo: nota todo desde la cabeza hasta los dedos de los pies y luego mueve los dedos de los pies para poder sentirlos. Imagina que tu respiración se mueve desde tu pecho a tus piernas, pies y dedos. A veces ignoramos nuestros pies, olvidando que nos llevan a todas partes y pueden cansarse rápido. A través de esta experiencia de consciencia corporal puedes despertar tus pies y darles vida de nuevo.

Concéntrate en las partes de tu cuerpo

A continuación, puedes centrarte en otras partes del cuerpo, una por una, y notar tu ritmo cardíaco y lo rítmico que es. Deja que tu respiración se mueva hacia arriba desde los dedos de los pies, pasando por las rodillas, llena tu vientre con aire y luego procede de vuelta a tu pecho. Comprueba cómo te sientes. ¿Crees que tienes una frecuencia cardíaca estándar o anormal? ¿Te sientes cómodo o perturbado? Sé más consciente de tus brazos y hombros. Si estás tenso, tus articulaciones estarán rígidas, y necesitas liberar esa tensión respirando y liberando el aire mientras bajas los hombros. Deja que tu respiración se mueva hacia el área del cuello y hacia tu cabeza. Si sientes que los pensamientos se filtran en tu cabeza, sácalos y déjalos flotar. Luego, permite que la respiración regrese lenta a tu vientre y abre los ojos despacio mientras dejas salir el aire por tu boca.

Sé consciente de tu cuerpo a través de la visualización

Puedes ser plenamente consciente de la tensión de tu cuerpo y liberarla a través del proceso de visualización:

- Acuéstate o siéntate en una posición relajada, ponte cómodo y cierra los ojos.
- Inspira profundo y lento, permitiendo que tu respiración pase por tu mente y sobre tu cuerpo mientras sientes cada parte sin pensar en ello.
- Mientras respiras, busca áreas de tensión, dolor o malestar y analiza esos sentimientos en tu cuerpo.
- Pregúntate: "¿Por qué me duele la cabeza? ¿Por qué hay tensión en mi cuero cabelludo? ¿Están mis hombros tensos? ¿Está mi corazón acelerado? ¿Me siento sonrojado?"
- Respondiendo a las preguntas anteriores, localizarás los lugares en los que sientes tal incomodidad y averiguarás por qué te sientes así.
- La visualización viene con la inhalación, y mientras exhalas, visualizas la respiración que pasa por sobre tu cuerpo, curando aquellas partes que tienen estrés, tensión y malestar. Las partes donde sientes dolor deben recibir la mayor atención mientras trabajas con tu mente para relajar tu cuerpo.
- Con respiraciones completas, jala el aire dentro de tu cuerpo para establecer la calma y la paz de manera que tu cuerpo encuentre la liberación mientras visualizas la curación.

- Con cinco respiraciones lentas, cuenta hacia atrás hasta el momento presente y mantén la calma después de la quinta respiración. Abre los ojos y permanece quieto antes de moverte de ese lugar.

¿Qué piensas de la técnica de consciencia corporal? Es genial, ¿verdad? Bueno, solo puedes dominar el proceso cuando lo haces de manera intencionada y repetida. Aunque no lo hagas bien al primer intento, no te rindas.

Los pasos resaltados arriba se aplican siempre que quieras tomarte un tiempo para involucrarte en la consciencia corporal intencional como lo harías con las sesiones de yoga o meditación. Un lugar tranquilo para hacer consciencia corporal es útil, pero también puedes hacer una versión modificada mientras realizas tus actividades diarias. Así que, si estás extremadamente ocupado y no puedes dedicar tiempo y atención a sesiones de conciencia corporal tan a menudo como quieres, puedes participar de la técnica mientras estás en movimiento.

Por ejemplo, si vuelas mucho, puedes practicar fácilmente la consciencia corporal mientras estás en el avión, sobre todo si notas que estás realmente estresado. Cuando la ansiedad comienza a entrar en la mente, perturba el cuerpo, así que tómate unos minutos para prestarle atención al cuerpo utilizando los consejos que compartimos en este capítulo.

Del mismo modo, si estás en un coche o esperando para recoger a tu hijo de la escuela, puedes utilizar esos pocos minutos para practicar la consciencia corporal. Chequéate a ti mismo y asegúrate de estar en un estado saludable y tranquilo. Todos los ejercicios de consciencia corporal alivian el estrés y te ayudan a ser más consciente de cómo tu cuerpo reacciona a los impactos externos de las personas, los lugares y las cosas.

La consciencia del cuerpo como técnica de mindfulness también fortalece la conexión entre el cuerpo y la mente, de manera que se puede modular fácilmente el flujo de ideas y cómo afectan al cuerpo. Si te sientes incómodo en tu cuerpo cuando estás cerca de una persona en particular, tanto que empiezas a sudar nerviosamente, tienes un aumento de los latidos del corazón y a veces sientes dolores de cabeza, entonces tal vez esa persona sea tóxica.

Si no manejas la relación que tienes con esa persona, o si no encuentras maneras de evitar encontrarte con ella, esa sensación de incomodidad puede convertirse en miedo y ansiedad. Con la técnica de consciencia corporal, puedes aliviar la tensión causada por el efecto de esa persona en tu cuerpo y evitar que afecte tu estado emocional.

Con este capítulo sobre el uso de la consciencia corporal como técnica de atención plena, hemos llegado al final de los capítulos del libro relacionados con las técnicas y estamos listos para pasar a la última parte. El capítulo que sigue destaca consejos, conceptos e ideas sobre cómo puedes incorporar mindfulness en tu vida diaria. Por mucho que hayamos descubierto la importancia del mindfulness, tenemos que aprender a aplicarlo a las experiencias cotidianas.

Capítulo Once: (Incorporación de las prácticas de mindfulness en la vida diaria)

Algunas personas escuchan el término "mindfulness" e inmediatamente piensan que es un proceso complicado que conlleva actividades muy "serias" que solo son para personas verdaderamente dedicadas. Sin embargo, por todo lo que has aprendido hasta ahora, creo que sabes y entiendes que el mindfulness no tiene nada que ver con procesos complicados.

Puedes incorporar la atención plena a tus rutinas diarias, y es posible hacer que las técnicas formen parte de tu vida, pero esto requiere compromiso e intencionalidad. Algunas personas son increíblemente pasivas con respecto al mindfulness porque siempre buscan un momento determinado para hacerlo "bien", pero esperar esos momentos "especiales" solo fomenta la postergación.

Puedes ser consciente y maximizar las técnicas incluso en este momento, mientras lees. Puedes prestar atención al momento presente y ser más consciente de los acontecimientos de tu vida, pero tienes que hacerlo activamente y ser consciente de lo que haces.

Por ejemplo, si vas a meditar, hazlo. Meditar no es cerrar los ojos y abrirlos después de unos segundos. Necesitas ser consciente de: "ahora estoy a punto de meditar, o ahora estoy a punto de practicar yoga". Cuando eres intencional con las técnicas de mindfulness, las incorporas fácil a tu vida y disfrutas del proceso.

Formas naturales de ser consciente cada día

A continuación se presentan formas naturales de practicar mindfulness.

Practica mindfulness mientras esperas

Una de las cosas clave que debes recordar de este libro es que cada oportunidad para practicar mindfulness es significativa, y la espera es una de esas oportunidades. Si estás en una oficina esperando para hablar con alguien, no te quedes ahí sentado permitiendo que los pensamientos negativos se acumulen.

Toma el control de tu mente cuando se desvíe hacia pensamientos negativos siendo consciente del contenido. En una sala de espera, estacionado en el auto, en el parque o en cualquier fila, puedes meditar, usar técnicas de respiración o practicar la consciencia corporal para mantener la calma.

Usa mindfulness mientras estás atascado en el tránsito

Durante el día, es probable que tengas que viajar de un lugar a otro, y puedes incorporar mindfulness en esos momentos. Mientras estás atascado en el tránsito, puedes tomar tantos segundos o minutos como tengas disponibles para volverte consciente y aumentar la consciencia de tu cuerpo y tu mente. Esto es especialmente fácil si estás en el transporte público. Cuando manejes un auto, ¡concéntrate siempre en manejar!

Usa mindfulness cuando despiertes

Otra gran manera de practicar mindfulness y de incorporarlo a tu actividad diaria es despertarte usando una de las técnicas. La técnica de meditación mindfulness es ideal como ritual matutino porque te ayuda a comenzar el día bien arriba. Algunas personas se preocupan antes de dormir, se despiertan ansiosas y se tropiezan con su día sin hacer nada para ayudarse a sí mismas, como meditar.

El uso de técnicas de mindfulness como la consciencia corporal, la meditación y el yoga te ayudarán a mantener la calma y a empezar el día con un estado mental más fuerte.

Practica mindfulness mientras realizas actividades rutinarias

También puedes practicar mindfulness mientras participas en las actividades y rutinas diarias como cocinar, limpiar, jugar con los niños o incluso visitar amigos. Siempre participa conscientemente en lo que sea que estés haciendo y está completamente presente en todos los contextos sociales. Si estás en la casa de un amigo, quédate allí y no en otro lugar de tu mente.

Come de manera consciente

Algunas personas comen una comida entera sin ser conscientes del acto de consumir alimentos. Es solo una necesidad que satisfacen. Puedes incorporar la consciencia en tu rutina diaria al comer pensando y con propósito. La próxima vez que tengas un plato de comida enfrente, conviértelo en una experiencia más satisfactoria comiendo con atención. Primero, saborea el aroma de la comida, sé consciente de cada bocado y siente el cosquilleo de las papilas gustativas cuando lo pongas en tu boca.

Reduce la velocidad al masticas y experimenta el sabor de la comida. Tu experiencia de consumo de alimentos será más enriquecedora en comparación con la prisa por la comida. Quizás te preguntes cómo esto ayuda a combatir la ansiedad. A través de la alimentación consciente, obtendrás mayor alegría y satisfacción con cada experiencia alimenticia y serás más feliz. ¿Acaso una persona feliz es una persona ansiosa? ¡¡Absolutamente no!!

Conversaciones de relación consciente

Todos los días conversamos e interactuamos con diferentes personas en nuestras vidas, basados en el tipo de relación que tenemos con ellas. Desde interacciones con cónyuges, hijos, jefes, empleados, amigos cercanos hasta personas que solo vemos en el supermercado, estas relaciones afectan nuestra mentalidad.

Puedes incorporar mindfulness en tus conversaciones estando presente cuando charles con las personas de tu vida. Escucha para entender y mantener los recuerdos de esos momentos en tu mente.

Las palabras que escuchas y las personas en tu vida te ayudan a mantener una disposición positiva o negativa. Por ejemplo, si no tienes en cuenta el tipo de conversaciones que mantienes con tus amigos, puedes estar expuesto a palabras negativas que te causen preocupación todo el tiempo. Pero a través del mindfulness tendrás un mejor control sobre lo que recibes y lo que das a esas conversaciones de relación.

Entrenamiento de mindfulness

Independientemente de las actividades físicas que realices, puedes incorporar mindfulness al estar consciente y presente durante dichas actividades. El ejercicio consciente puede ser hecho mientras das una caminata matutina por el vecindario o usas la cinta de correr. Sea lo que sea, ¡quédate en el presente!

Puedes sincronizar tu cuerpo, tu mente y tu sistema nervioso con los ejercicios conscientes y, a diferencia de cuando te ejercitas sin ser consciente, este proceso te ayuda a disfrutar de la experiencia y a regodearte en ese momento.

Este capítulo final tiene como objetivo empoderarte con información sobre cómo incorporar todo lo que has aprendido en tus experiencias diarias. La mayoría de las veces, las personas se emocionan ante la perspectiva de aprender a combatir el miedo y a lidiar con la ansiedad, pero justo después de lidiar con sus problemas inmediatos, se olvidan de mantener el proceso.

Ten en cuenta que las técnicas de atención plena no están pensadas solo para los momentos horribles en los que tienes que lidiar con problemas. Si bien son efectivas para ayudarte a lidiar con eventos negativos, también debes hacer de las técnicas de mindfulness una parte de tu rutina diaria. Si incorporas mindfulness a tu rutina, no tendrás que "lidiar" con la ansiedad, la preocupación y el miedo porque siempre estarás en excelente forma mental, emocional, física y psicológica.

Palabras finales

Sin duda, las preocupaciones y dudas son parte de la vida de todos. Es fácil preocuparse cuando todavía no sabes tus notas finales, tienes una factura sin pagar, una entrevista de trabajo, estás empezando un trabajo nuevo o tienes una cita. Esto es normal.

Sin embargo, cuando la preocupación es excesiva y se vuelve incontrolable, eso va más allá de lo normal. Si sigues preocupándote por los "qué pasaría si" de la vida, o por las cosas malas que pueden suceder, y no puedes mantener los pensamientos ansiosos alejados de tu cabeza, eso interferirá con tu vida diaria y te afectará de manera negativa.

Mantener los pensamientos negativos en tu cabeza y preocuparte de forma constante afectará tu salud física y emocional. Drenará tu energía emocional, dejándote dolores de cabeza, tensión muscular, problemas estomacales, insomnio y pérdida de concentración. Esta sensación negativa puede irradiarse, y comenzarás a desquitarte con las personas que te rodean. Puedes incluso empeorar y comenzar a consumir drogas, alcohol o automedicarte. Estos son vicios que pueden evitarse.

Si estás plagado de ansiedad y preocupación, espero que este libro te haya dado esperanzas: hay una manera de mejorar tus circunstancias. También espero haberte enseñado a combatir tus miedos y ansiedad mediante el uso de técnicas sencillas de atención plena.

Sé lo aterradora que puede ser la incertidumbre, sobre todo cuando sientes la necesidad de protegerte de lo desconocido. Como no puedes predecir lo que va a pasar, es importante encontrar maneras de lidiar con los pensamientos para que no sean un problema en tu vida. Puedes entrenar tu mente y tu cerebro para que permanezcan tranquilos mientras miras la vida con menos miedo y una perspectiva más equilibrada.

La ansiedad y la preocupación crónica son hábitos mentales de los que puedes liberarte. Al decidir leer este libro, has demostrado que estás listo para liberarte de las cadenas de la ansiedad y la preocupación. Al leer hasta este punto has demostrado lo dedicado y listo que estás para hacer cambios en tu vida. ¡Debo felicitarte por haberte quedado conmigo todo este tiempo!

Tu vida es lo que haces de ella, sin importar lo que pase a tu alrededor. Es tu responsabilidad asegurarte de estar rodeado de energía positiva. Es un hecho que la vida no es perfecta. La vida no siempre es un lecho de rosas, pero eso no significa que tenga que ser un lecho de espinas. La ansiedad, la depresión, la preocupación y todas las demás energías negativas son espinas. A lo largo de este libro, hemos destacado importantes técnicas de mindfulness que te ayudarán a convertir esas espinas en experiencias pacíficas.

Comenzamos nuestro viaje con una visión de la definición de ansiedad como concepto fundamental y nos basamos en esa idea en el capítulo dos, que detalla los factores de riesgo de la ansiedad. Hemos discutido con amplitud los síntomas de la ansiedad, incluso mientras considerábamos la idea del mindfulness, sus beneficios y cómo usar las técnicas.

Desde los ejercicios de respiración hasta la meditación, el yoga y la consciencia corporal, descubrimos diferentes formas de maximizar la atención. Por último, redondeamos la curva de aprendizaje con un capítulo sobre cómo incorporar la práctica de mindfulness a la vida diaria, porque la ejecución es realmente importante.

Hablando de ejecución, debes entender que todo lo que has aprendido solo puede ser valioso e impactante cuando utilizas las técnicas. Esta es la razón central del práctico y aplicable capítulo final de este libro. Cuando descubrimos ideas transformadoras con el potencial de cambiar nuestra trayectoria, debemos maximizar de forma intencionada la oportunidad de hacer que los conceptos funcionen para nosotros.

Ahora ya sabes la verdad sobre cómo lidiar con la ansiedad y la preocupación. Ahora sabes que la atención plena es la herramienta más efectiva para cambiar tu historia, pero saber esto no es suficiente. ¿Qué valor tiene saber cómo preparar una comida deliciosa si no intentas cocinarla y comerla? Has recibido tanta información en las páginas de este libro que ahora es el momento de actuar.

La única manera de saber si el mindfulness funciona es usando las prácticas y técnicas que has aprendido. Así que, a partir de este momento, empieza a crear planes sobre cómo disfrutar del mindfulness a través de los ejercicios de respiración, la meditación, el yoga y la consciencia corporal.

A medida que uses estas técnicas, te será más fácil hacerlas parte de tu vida, de manera tal que ya no tengas que "pensar" en la meditación o en la consciencia corporal. Lo haces porque es una rutina. De forma gradual, observarás cambios significativos en tu vida con respecto a la preocupación y la ansiedad. En lugar de estar siempre preocupado y ansioso, vivirás una vida más pacífica.

Algunas personas disfrutan de esa paz solo por un breve momento porque ejecutan las ideas relacionadas con mindfulness pero no logran MANTENER el proceso. Piensa en esto: ¿Es posible perder peso haciendo ejercicio y comiendo comidas saludables solo una vez al mes? ¡Claro que no! Debes ser aplicado todos los días para lograr mejorar con tu cuerpo. De la misma manera, no encontrarás paz y calma, ni vencerás la preocupación y la ansiedad, si no te aplicas a la tarea a diario.

Mientras terminamos esta experiencia juntos, te insto a **recordar** todo lo que has leído, **actuar** sobre las ideas y **mantener** el proceso. Así es como mantendrás la preocupación y la ansiedad a raya y fuera de tu vida para siempre.

¡Mis mejores deseos!